L 6 717.

SOCIÉTÉ
DES AMIS DE LA LIBERTÉ ET DE L'ÉGALITÉ,

Séante aux ci-devant Jacobins St.-Honoré, à Paris.

DISCOURS PRONONCÉ A LA TRIBUNE DE LA SOCIÉTÉ,

Le dimanche 14 octobre, an Ier de la République Françoife,

Par J. M. COLLOT D'HERBOIS, Membre de la Société.

JE voulois parler de nos armées : je me félicite d'être entendu par le foldat qui, tout-à-l'heure, étoit à cette tribune (1) ; il y étoit comme membre

---

(1) Le général Dumouriez venoit de parler ; je lui fuccédai à la tribune. Mon difcours fut improvifé ; la fociété en ayant ordonné l'impreffion, je l'ai tranfcrit, & je crois avoir confervé fidèlement les mêmes expreffions.

A

(1792.)

de cette société. Les loix de l'égalité sembloient défendre au président de lui répondre ; mais, quoiqu'en pareille circonstance, j'aie maintenu la sévérité du principe, je trouve, cette fois, que le président a bien fait d'adresser la parole à ce général. Ce n'est pas à lui seul qu'il a parlé, c'est à toute l'armée françoise qu'il a fait connoître nos sentimens, qu'il a donné un témoignage éclatant de notre satisfaction. Le général aura soin de le partager avec tous les volontaires, tous les soldats, nos amis & nos frères ; il sait que tout lui doit être commun avec eux ; il sait que, sans eux, sa gloire ne seroit rien. Il est soldat aussi, je le répète avec plaisir : il a bien fait son devoir, voilà sa récompense : il en est peu de ces généraux vraiment soldats. Mais aussi, la liberté a créé un grand nombre de soldats bien dignes d'être généraux; déja plusieurs sont sortis des rangs, & se sont signalés glorieusement à la tête de leurs compagnons d'armes. Nos continuelles victoires renouvelleront souvent ces honorables promotions.

N'est-il pas vrai, général, qu'il est beau de commander une armée républicaine ? La différence est grande entre ces nouveaux soldats, ardens & résolus, & ceux qu'on dirigeoit autrefois péniblement par l'instinct d'un courage matériel. On faisoit ci-devant de la bravoure l'unique vertu des militaires. Il y en a bien d'autres vertus aujourd'hui pratiquées par les soldats de la liberté. La bravoure ne compte plus. A tous les postes où se trouve un françois, ici, là, par-tout on est brave ; il n'y a pas de mérite à mépriser la mort ; les femmes chantent au bruit du canon ; & cette bravoure, autrefois si vantée, est une qualité commune & ordinaire ; ce qui est bien au-dessus de la bravoure, c'est le dévoûment patriotique des soldats françois, ce sont les sublimes exemples donnés par les habitans de Lille & de Thionville ; c'est leur patience tant éprouvée, leur courage tranquille, leur intrépidité invincible, leur constance supérieure à tous les dangers. Voyez-les, jour & nuit, fermes, inébranlables sous une voûte brûlante de bombes & de boulets rouges ; voyez ce bon citoyen qui, faisant le service d'une batterie, regarde tranquillement l'incendie qui dévore sa maison, & dit : j'irai l'éteindre quand le service de la pièce de canon aura cessé. Voilà de vrais républicains, voilà le grand caractère qui se développe, & dans nos villes & dans nos armées ; voilà de quels généreux alimens se corroborent, & l'amour de la patrie, & la haine des tyrans. De telles vertus sont au-dessus de tous les triomphes ; elles profiteront à tous les peuples. Les habitans de Lille & de Thionville ont déjoué la tactique de tous les despotes. Bientôt les tyrans ne pourront plus, ne fauront plus nous combattre ; il faudra qu'ils inventent un art nouveau ; ils ne l'inventeront pas, car la paſſion de la liberté peut ſeule inſpirer d'auſſi grandes reſſources ; & ſi leur cœur de fer pouvoit la reſſentir, ils ne ſeroient plus nos ennemis, ils ne ſeroient pas ce qu'ils font.

Ils ont juré de vaincre ou de mourir, les ſoldats de la liberté ; ils ont vaincu. Ils ont vaincu, & ceux de nos frères qui ont ſcellé de leur ſang toutes ces victoires, ne ſont pas auſſi nombreux que les chocs violens qui ont décidé nos deſtinées pouvoient nous le faire craindre ; ils ne ſont pas morts tout entier ces hommes-là. Les exemples qu'ils ont donnés, l'eſprit qui les anima, vivent dans tous les cœurs, leur ſouvenir vivra éternellement.

Mais, vivent-ils, ceux qui nous ont fait la guerre ? Non, les cohortes féroces qui ſouilloient notre territoire, ne vivent plus. Ces bataillons de cannibales ne ſont plus que des monceaux de cadavres ; ils pourriſſent par-tout où ils ont oſé ſe meſurer avec les hommes libres. Par-tout où ils ont voulu frapper les enfans de la patrie, ils pourriſſent ; il ne reſtera bientôt de leur ſubſtance immonde, qu'un fumier infect, que le ſoleil de la liberté ne purifiera qu'avec peine.

Ce qui reſte de ces eſclaves, ceux qui ſurvivent, retournent languiſſans, infirmes & découragés. Ils arriveront avec peine, pour expirer aux pieds de leurs tyrans. Cette nuée de squelettes qui remporte la honte, & que la nature délaisse, ressemble au squelette du despotisme lui-même : tous ensemble, ils ne tarderont pas à disparoître.

Et ces généraux vétérans, qui le soutenoient le despotisme, jadis si fiers, où sont-ils ? Qu'est devenue leur ancienne renommée ; tout a disparu. Le fantôme de leur gloire passée s'est évanoui, comme une ombre, devant le génie tout puissant de la liberté. Ils se retirent confus & désespérés. Où iront-ils ? Ils n'auront plus que des cachots pour retraites ; car les plus affreux cachots désormais, ceux où habitera l'opprobre, seront les palais des rois ; ils fuient, les rois ! & aussi les généraux de leur parti : ils fuient, parce que les peuples se lèvent & les poursuivent.

N'es-tu pas surpris toi-même, Dumourier, en voyant combien ces généraux qui servent les despotes sont petits & dégradés ? Tu dois être bien content. Ce n'est pas un roi qui t'a nommé, & la confiance d'un peuple libre te soutient ; tous les peuples correspondent de cœur avec l'armée que tu commandes. Ils invoquent nos succès ; tu brûles de marcher pour remplir leurs vœux. J'aimes cette ardeur ; je te crois digne de remplir cette grande mission ; mais souviens-toi que le général d'une armée républicaine ne doit jamais tranfiger avec les tyrans. Souviens-toi de ces généraux, qui, chez les peuples anciens, ont fervi, comme toi, la caufe de la liberté. Scipion, par exemple: Antiochus tenoit fon fils prifonnier ; le partage du pouvoir fouverain, des richeffes immenfes, & plus que tout cela, la liberté de fon fils furent offerts à ce romain pour le féduire. *Il n'exifte pas affez de richeffes pour acheter ma confcience, & la nature n'a rien mis dans le cœur d'un homme libre, au-deffus de l'amour de la patrie.* Telle fut la réponfe de Scipion.

Je te citerai encore Themiftocle. Ce général athénien fit la guerre avec l'ancien Xercès, à peu près comme tu viens de la faire avec le Xercès nouveau. Il fauva la chofe publique à la bataille de Salamine. Il fut enfuite calomnié par fes ennemis. Fais bien attention, Dumourier, tu as des ennemis auffi, tu feras calomnié par eux ; c'eft pourquoi je te parles de Themiftocle : accufé, condamné par fes concitoyens, il ne trouva d'afyle qu'auprès du roi qu'il avoit vaincu ; mais il refta toujours Themiftocle. Ce roi lui propofa de porter les armes contre fa patrie. *Mon épée ne fervira jamais les tyrans*, dit Themiftocle, & il fe l'enfonça dans le cœur. La fortune de ces hommes-là eft maintenant la tienne. Nous te croyons à leur niveau. C'est à toi de justifier nos espérances.

Eh ! qui pourroit te contraindre ? N'es-tu pas délivré de tous ménagemens ? La dignité nationale n'en permet plus aucun, je te le dis avec franchise; que ce soit le fait d'une excessive générosité ou de l'empire des circonstances, tu as eu certains égards pour nos ennemis que tout le monde n'approuve pas. Il y a trop de politesse dans ta correspondance avec le roi de Prusse; tu l'a traité trop galamment; en le mettant hors de notre territoire, tu as un peu trop observé les anciennes manières françoises.

Laisse-là pour jamais ces manières & ce vieux costume qui nous a trop avili ; poursuis, avec franchise, ta brillante carrière. Des peuples gémissent esclaves, & tu vas les délivrer. Les Brabançons te tendent les bras, ils t'appellent, & les françois te poussent.... Vas donc, Dumourier : vas, si la Prusse a été trop épargnée, l'Autriche paiera double; n'est-il pas vrai, c'est là ton calcul ? Bon, l'Autriche est en fonds, ne la ménage pas : tu ne peux faire payer trop cher à cette race exécrable des tyrans autrichiens, les outrages qu'ils ont faits au genre humain.

Tu vas à Bruxelles, Dumourier, & tu passeras à Courtray. C'est là, tu le sais, que la gloire du nom

françois a été profanée; c'est là qu'un général, qui ne te ressemble pas, a trompé l'espoir des peuples: ils vouloient briser leurs fers, & cet infame général, nommé Jarry, les a rendus à l'esclavage; ils commençoient à respirer la liberté, & il les a livrés, ruinés, incendiés, dans les mains de leurs tyrans. Dumourier! je n'ai jusqu'ici interrogé que ton courage, je parle à ton cœur maintenant. N'oublie pas les malheureux habitans de Courtrai; c'est une dette qu'il faut leur payer; ce sont des secours & des bienfaits qu'il faut répandre pour qu'ils nous connoissent bien. Des françois leur ont fait verser des larmes de douleur & de rage, que d'autres françois les essuient; que d'autres larmes de joie & de consolation coulent à ton arrivée. Promets-leur, de notre part, justice & fraternité, la nation ne te démentira pas.

Quand tu seras à Bruxelles, la liberté, si attendue, y sera avec toi, & les Belges en jouiront. Il y a là une femme atroce, qui, deux fois, l'a étouffée, la liberté. Elle vint ces jours derniers, cette furie, réjouir ses regards féroces du spectacle des boulets rouges & des bombes qui pleuvoient sur les courageux habitans de la ville de Lille. Cette hyène, toute dégoutante de sang humain, attisoit les fourneaux. Elle se nomme Christine. Si tu la trouvois..... si tu croyois ne pouvoir ordonner de son fort, envoies-la ici ; nous avons d'autres prisonniers de sa famille, envoies-la avec eux. Ils ont été réunis de cœur pour les crimes qu'ils ont médités ; ils seront réunis, en personne, tous AU TEMPLE ; ce sera une grande leçon pour leurs pareils..... Mais, que dis-je ! Christine ne t'attendra pas ; elle sera loin à ton arrivée. Si elle étoit restée, le peuple l'y auroit forcée ; le peuple la réclameroit : alors, tu laisseras ce peuple, long-temps opprimé, exercer ses droits. Christine appartient déjà à sa justice (1) : terrible justice, à laquelle aucun tyran ne pourra bientôt plus échapper.

Nos cœurs gémissent, & la pensée est souffrante, lorsqu'elle a pû s'occuper de tels monstres. Portons nos regards sur des objets plus doux ; entrons à Bruxelles avec l'armée françoise. Nous y voyons tous les sujets du despote régénérés & devenus des hommes forts. Nous voyons les mères de famille presser sur leur sein leurs plus petits enfans, &

---

(1) En lisant la correspondance, une société populaire avoit annoncé que, dans la ville de...., pour se venger d'une aristocrate laide, méchante, couverte de la malédiction universelle, *on l'avoit rasée de si près, qu'elle ne pourroit jamais porter perruque.* Cette anecdote rappellée avec sa naïveté, a soulagé l'auditoire de l'oppression douloureuse que l'orateur faisoit éprouver, en retraçant les forfaits de l'abominable Christine.

leur dire, avec tranfport : ô mon fils, tu ne feras plus efclave ! ce font les François, Dumouriez à leur tête, qui t'affranchiffent ! Tu vas reporter à tous les citoyens de la Belgique leur dignité première, & leur plus bel attribut ; & les jeunes filles, auffi, recevront de toi, pour dot, l'amour de la liberté ! Que de jours d'allégreffe vont fuivre ! Les pères de famille, les vieillards applaudiront avec ivreffe, leurs époufes te béniront, & toutes les jeunes filles viendront t'embraffer !... De combien de plaifirs tu vas jouir, Dumouriez ! Ma femme eft de Bruxelles, elle t'embraffera auffi. Dans chaque maifon, on voudra poffédér un des François qui t'accompagnent ; il y fera fêté comme un ange tutélaire ; on fe preffera autour de lui, en célébrant la république françoife. L'armée fera bientôt délaffée de fes fatigues.

Reçois donc, en partant, les vœux brûlans que nous faifons pour le fuccès de nos armées, nos vœux & ceux de l'univers entier, puifque c'eft pour la caufe de la liberté & de l'égalité qu'elles combattent ; fouviens-toi que ces fuccès & ces victoires font la propriété de tous ; puifque c'eft la force de tous qui les décide, puifque le fang de tous doit couler pour les obtenir. La république eft une ; tous les hommes libres ne font qu'un. Il n'y a pas un pofte dans une république qui puiffe refter vide ;

quelque foit celui qui l'occupe, il fe trouve toujours un autre égal à lui pour le remplacer. Continues comme tu as fait jufqu'à préfent, Dumouriez, fois toujours citoyen, toujours républicain, fers bien la chofe publique, & reviens enfuite parmi nous. Chacun de tes frères fixera les yeux fur toi avec attendriffement, & t'embraffera avec plaifir.

La SOCIÉTÉ, dans la féance du 14 octobre, l'an premier de la République, a arrêté, fur la motion du Citoyen Dumouriez, l'impreffion, la diftribution & l'envoi de ce Difcours aux Sociétés affiliées & à l'Armée.

DANTON, *Préfident.* LAFAYE, *vice-Préfident.*

BENTABOLE, PELLETIER, *Députés*; SIMONE, LEFORT, MOÈNE, TACHEREAU, *Secrétaires.*

De l'Imprimerie de L. POTIER DE LILLE, rue Favart, n°. 5.

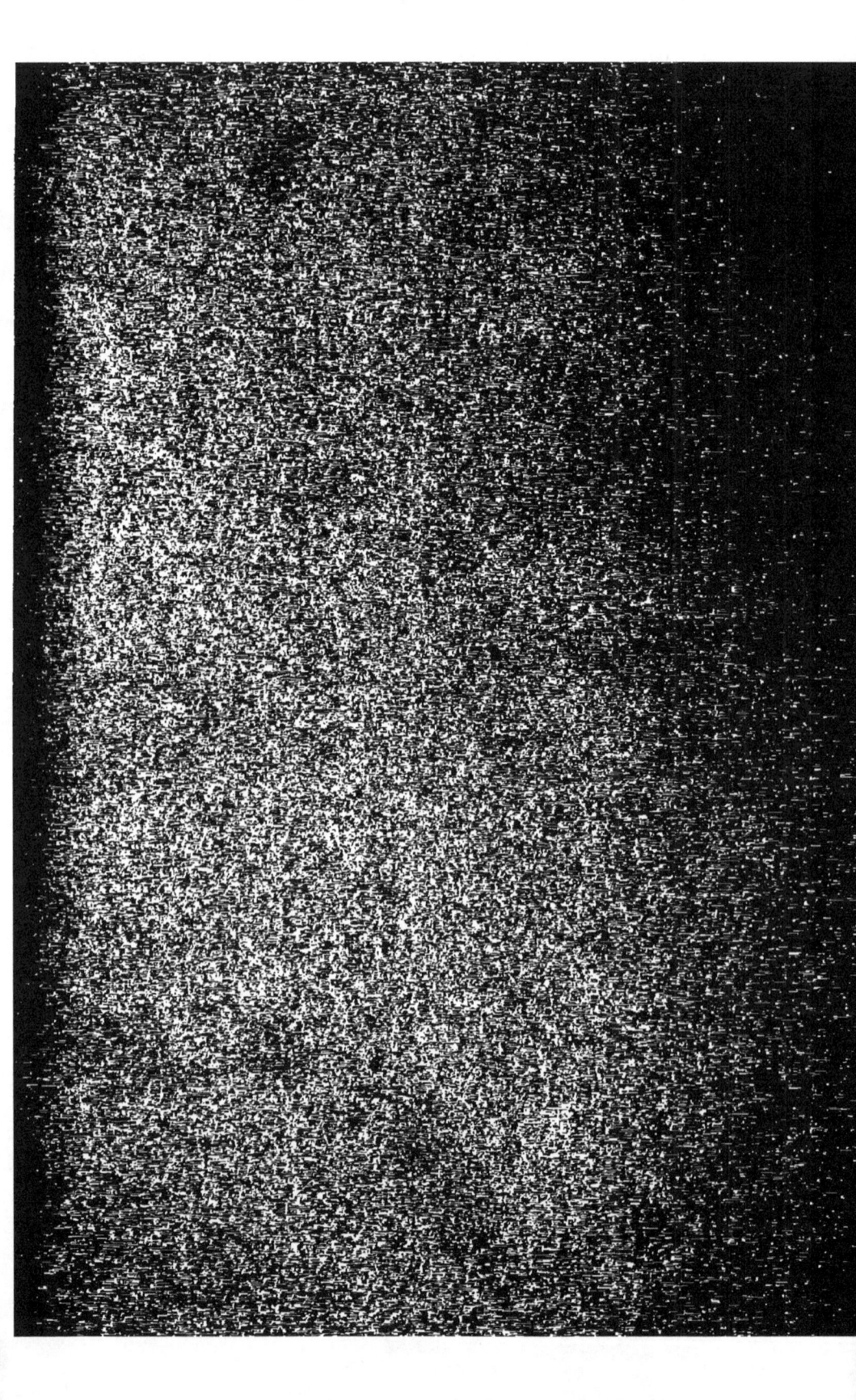

www.ingramcontent.com/pod-product-compliance
Lightning Source LLC
Chambersburg PA
CBHW071424060426
42450CB00009BA/1998